Entrepreneurs 4.0

Bâtir et faire prospérer son entreprise à l'ère du digital

Lucas Brunier

SOMMAIRE

Clause de non-responsabilité

« Les insectes ne s'attaquent qu'aux lumières qui brillent »

Le présent texte est une Clause de non-responsabilité s'appliquant à l'intégralité de ce livre. Le lecteur est informé que l'ensemble du contenu de ce livre est fourni à titre non contractuel et strictement destiné à des fins purement informatives.

L'auteur de ce livre ne fournit aucune déclaration, aucun engagement ni aucune garantie d'aucune nature, implicite ou explicite, quant à l'exactitude, la véracité, la fiabilité, l'applicabilité, l'adéquation ou l'exhaustivité des informations présentes dans ce livre. Le contenu de ce livre est susceptible d'avoir été produit et ou traduit à l'aide de mécanismes automatisés. En aucun cas, l'auteur de ce livre ne saurait être tenu responsable de la présence d'imperfections, d'erreurs, d'omissions, ou de l'inexactitude du contenu proposé dans ce livre.

Aucune utilisation des informations présentes dans ce livre, de quelque manière que ce soit, ne saurait ouvrir droit à un quelconque dédommagement ou compensation quel qu'en soit sa nature.

L'auteur de ce livre ne saurait en aucun cas être tenu responsable, d'aucune manière, de tout dommage ou préjudice, de quelque nature que ce soit, direct ou indirect, lié ou non à la négligence, pouvant entre autres, découler de l'utilisation de quelque manière que ce soit des informations contenues dans ce livre, et ce, que l'auteur soit ou non avisé de la possibilité de tels dommages.

Le lecteur demeure, en toutes circonstances, le seul et l'unique responsable de l'utilisation et de l'interprétation des informations figurant dans le présent livre et des conséquences qui pourraient en découler.

Toute utilisation du contenu de ce livre de quelque manière que ce soit s'effectue aux risques et périls du lecteur uniquement et n'engage, en aucun cas, aucune responsabilité d'aucune sorte de l'auteur de ce livre.

Si le lecteur ne comprend pas un mot ou une phrase de la présente Clause de non-responsabilité, ou qu'il n'en accepte pas en partie ou pleinement les termes, il doit obligatoirement renoncer à toute utilisation de ce livre et s'engage à le supprimer ou le détruire sans délai.

INTRODUCTION

À une époque où la technologie remodèle les industries à un rythme sans précédent, une nouvelle race d'entrepreneurs a émergé : des visionnaires numériques qui tirent parti de l'innovation, de la perturbation et de la connectivité pour redéfinir les frontières de l'entreprise. Ce livre est une boussole pour naviguer dans le paysage passionnant de l'entrepreneuriat à l'ère numérique, où les normes traditionnelles sont brisées et où les opportunités abondent pour ceux qui souhaitent les saisir.

La révolution numérique a transformé la façon dont nous nous connectons, communiquons et faisons du commerce. Chaque jour qui passe, le domaine des possibilités s'élargit, offrant aux entrepreneurs des territoires inexplorés à explorer et à conquérir. Ce livre est votre guide pour exploiter la puissance de la technologie, des données et des stratégies numériques pour prospérer dans ce paysage en constante évolution.

Chapitre par chapitre, nous embarquerons pour un voyage au cœur de l'entrepreneuriat moderne. Nous commencerons par démêler la tapisserie complexe du paysage entrepreneurial numérique. De ses origines à nos jours, nous explorerons les forces qui ont remodelé les industries et le rôle central que joue la technologie dans la création de nouvelles opportunités et de nouveaux défis.

Avec une base solide en place, nous nous plongerons dans l'élaboration de votre vision numérique, une vision qui s'aligne sur la dynamique du marché en évolution rapide et sur vos forces uniques. Identifier les tendances, reconnaître les opportunités numériques et formuler des stratégies innovantes seront les piliers sur lesquels repose votre vision.

De la vision à l'exécution, nous vous guiderons tout au long du processus complexe de transformation de vos idées en innovations numériques. Nous explorerons l'art du prototypage, de l'itération et de l'acceptation de l'échec comme d'un tremplin vers le succès. En cours de route, vous découvrirez comment maîtriser les nuances du développement de produits et créer des offres qui résonnent avec le consommateur numérique.

En nous aventurant plus loin, nous aborderons la question essentielle du financement de vos rêves numériques. Que vous recherchiez du capital-risque traditionnel ou que vous exploriez de nouvelles plateformes de financement participatif, nous vous fournirons des stratégies pour présenter vos idées, sécuriser vos investissements et alimenter votre croissance.

Au fur et à mesure que votre entreprise gagne du terrain, la mise à l'échelle devient la prochaine frontière. Nous disséquerons les méthodes de croissance durable et partagerons des idées sur l'utilisation de la technologie pour étendre votre portée sans sacrifier la qualité. De plus, vous apprendrez à adopter la prise de décision basée sur les données, en transformant les informations brutes en informations exploitables qui orientent votre entreprise vers le succès.

L'ère numérique est synonyme de marketing numérique, et dans les chapitres qui suivent, nous démêlerons les subtilités de la création de marque en ligne, de l'engagement sur les réseaux sociaux et de l'optimisation des moteurs de recherche. L'empreinte numérique de votre entreprise jouera un rôle essentiel dans son succès, et nous vous montrerons comment naviguer dans ce paysage avec finesse.

Cependant, le domaine numérique n'est pas sans écueils. Nous aborderons des sujets tels que la réglementation numérique, la confidentialité des données et les considérations éthiques qui surviennent dans un monde interconnecté. Au-delà des aspects techniques, nous explorerons le côté humain de l'entrepreneuriat à l'ère numérique, notamment en dirigeant des équipes à distance, en favorisant la collaboration et en adaptant les styles de leadership aux environnements virtuels.

La perturbation et l'innovation vont de pair, et nous discuterons de la manière d'adopter le changement comme catalyseur de la croissance. L'avenir de l'entrepreneuriat est prometteur, et nous examinerons les tendances émergentes, les progrès technologiques et les stratégies pour maintenir le succès à long terme à l'ère numérique.

À la fin de ce voyage, nous vous laisserons avec un état d'esprit prêt pour l'innovation numérique. L'entrepreneuriat n'est pas seulement une question de produits et de profits; il s'agit d'embrasser l'inconnu, de nourrir la créativité et d'embrasser l'échec comme un tremplin vers votre prochain triomphe.

Chapitre 1 : Le paysage entrepreneurial numérique

a. L'évolution de l'entrepreneuriat à l'ère numérique

Le paysage de l'entrepreneuriat s'est profondément transformé avec l'avènement de l'ère numérique. La révolution numérique, caractérisée par des progrès technologiques rapides et une connectivité généralisée, a redéfini les notions traditionnelles de création d'entreprise, d'innovation et de croissance. À cette époque, les entrepreneurs ont été renforcés par un accès sans précédent à l'information, aux ressources et aux marchés mondiaux. L'évolution de l'entrepreneuriat à l'ère numérique est marquée par le passage d'entreprises physiques à des entreprises agiles et axées sur la technologie qui tirent parti des outils et des plateformes numériques pour créer de la valeur.

Un aspect significatif de cette évolution est la démocratisation de l'entrepreneuriat. Les barrières à l'entrée ont considérablement diminué, permettant à des personnes d'horizons divers de concrétiser leurs idées. Par exemple, l'essor des marchés en ligne et des plates-formes de commerce électronique a permis aux petits artisans et artisans d'accéder à une clientèle mondiale, remettant ainsi en question la domination des canaux de vente au détail traditionnels. Cette démocratisation a conduit à l'émergence du "solopreneur", un entrepreneur individuel qui exploite les plateformes numériques pour atteindre les clients, gérer les opérations et faire évoluer son entreprise sans avoir besoin d'une infrastructure physique étendue.

De plus, l'ère numérique a vu l'essor de l'économie du partage, dans laquelle des plateformes comme Airbnb et Uber permettent aux particuliers de monétiser des actifs sous-utilisés, tels que des chambres d'amis ou des véhicules. Cela illustre le passage de la propriété à l'accès, perturbant les modèles commerciaux traditionnels et favorisant les opportunités entrepreneuriales dans des secteurs inattendus. De plus, la prévalence des outils de communication numérique et des médias sociaux a permis aux entrepreneurs de s'engager directement avec les clients, de solliciter des commentaires et de fidéliser la marque d'une manière qui était auparavant inimaginable.

L'ère numérique a également donné naissance à une culture d'innovation et d'itération rapide. Les startups et les entreprises établies peuvent exploiter les outils numériques pour prototyper, tester et affiner des idées à un rythme accéléré. Le concept de produit minimum viable (MVP) a pris de l'importance, encourageant les entrepreneurs à publier les premières versions des produits pour recueillir les commentaires des utilisateurs et itérer en conséquence. Cette approche itérative a été adoptée par des géants de la technologie tels que Google et Amazon, qui affinent constamment leurs offres en fonction des données en temps réel et des préférences des utilisateurs.

De plus, l'ère numérique a donné naissance à des startups « nées mondiales », des entreprises qui, dès leur création, sont conçues pour opérer et répondre à un marché mondial. Ces startups exploitent des plateformes numériques pour le marketing, les ventes et la distribution, leur permettant d'accéder à des clients du monde entier sans les contraintes traditionnelles de la localisation géographique. Par exemple, des entreprises comme Slack et Zoom ont connu une adoption mondiale rapide en raison de leur capacité à répondre aux besoins universels du lieu de travail numérique.

b. Naviguer dans la rupture technologique

L'avènement de l'ère numérique a catalysé une ère de perturbation technologique qui a bouleversé les industries et les modèles commerciaux traditionnels. Alors que la technologie progresse à un rythme exponentiel, les entrepreneurs sont confrontés au double défi d'exploiter son potentiel tout en naviguant dans les changements sismiques qu'il introduit. Ce phénomène a été alimenté par des percées dans des domaines tels que l'intelligence artificielle (IA), l'Internet des objets (IoT), la blockchain et le cloud computing, chacun ayant le pouvoir de redéfinir les chaînes de valeur, de modifier le comportement des consommateurs et de créer de nouvelles dynamiques de marché..

Un exemple illustratif de rupture technologique est évident dans le secteur du commerce de détail. Les détaillants traditionnels de briques et de mortier ont été confrontés à une concurrence intense de géants du commerce électronique comme Amazon, qui ont tiré parti d'une logistique avancée, de recommandations personnalisées et d'une gestion efficace de la chaîne d'approvisionnement pour conquérir des parts de marché. Cette perturbation a contraint les détaillants traditionnels à adopter des stratégies omnicanales, intégrant leur présence physique et numérique pour offrir une expérience d'achat transparente qui répond aux attentes changeantes des clients.

L'industrie du transport sert également d'étude de cas convaincante en matière de perturbation technologique. Les services de covoiturage comme Uber et Lyft ont transformé la mobilité urbaine en tirant parti de la technologie GPS, des applications mobiles et de l'analyse de données en temps réel. Ces plates-formes ont non seulement perturbé l'industrie du taxi, mais ont également incité les constructeurs automobiles traditionnels à investir dans les technologies de véhicules électriques et autonomes pour rester compétitifs dans l'écosystème des transports en évolution.

De plus, le secteur financier a connu de profondes perturbations avec la montée en puissance des startups fintech. Les plateformes de prêt peer-to-peer comme LendingClub et les solutions de paiement comme Square ont défié les modèles bancaires traditionnels, offrant aux consommateurs et aux petites entreprises des services financiers plus rapides et plus accessibles. De plus, l'introduction de la technologie blockchain a le potentiel de révolutionner des secteurs tels que la gestion de la chaîne d'approvisionnement, l'immobilier et les soins de santé en améliorant la transparence, la traçabilité et la sécurité des transactions.

Les entrepreneurs qui naviguent dans une rupture technologique doivent adopter un état d'esprit adaptatif et cultiver une culture d'apprentissage continu. Cette rupture nécessite une volonté de désapprendre et de réapprendre, car les technologies qui étaient hier à la pointe peuvent rapidement devenir obsolètes aujourd'hui. La capacité à identifier les technologies émergentes ayant un potentiel de transformation est cruciale. Par exemple, l'intégration de l'IA et de l'apprentissage automatique peut permettre aux entreprises de prendre des décisions basées sur les données, d'automatiser les processus et de personnaliser les expériences client, créant ainsi des avantages concurrentiels.

Cependant, à côté des opportunités, la rupture technologique apporte également des considérations éthiques et sociétales. Les problèmes de confidentialité, les atteintes à la sécurité des données et le déplacement de l'emploi sont des préoccupations valables qui nécessitent une planification réfléchie. Les entrepreneurs doivent relever ces défis tout en restant attachés à l'innovation responsable. La collaboration avec les organismes de réglementation, la promotion d'une communication transparente et la mise en œuvre de mesures de sécurité robustes sont essentielles pour atténuer les risques associés aux perturbations technologiques.

c. Opportunités et défis à la frontière numérique

La frontière numérique présente un paysage dynamique rempli d'opportunités sans précédent et de défis complexes pour les entrepreneurs. Alors que les progrès technologiques continuent de remodeler les industries, les entrepreneurs se retrouvent au carrefour de l'innovation et de la perturbation, nécessitant une compréhension approfondie des paradigmes changeants pour naviguer avec succès sur ce terrain complexe.

L'une des principales opportunités de la frontière numérique est la portée mondiale qu'offre la technologie. Les entrepreneurs peuvent désormais transcender les frontières géographiques et accéder à de vastes marchés grâce aux plateformes en ligne et au commerce électronique. Par exemple, l'artisanat qui était autrefois limité aux marchés locaux peut désormais trouver un public mondial grâce à des plateformes comme Etsy, permettant aux artisans de se connecter avec des clients à travers les continents et les cultures.

De plus, l'accessibilité des informations basées sur les données présente une autre opportunité remarquable. Les vastes quantités de données générées à l'ère numérique peuvent être exploitées pour comprendre le comportement, les préférences et les tendances des consommateurs avec une granularité sans précédent. Ces informations permettent aux entrepreneurs d'adapter leurs offres, leurs stratégies marketing et leurs modèles commerciaux pour répondre à l'évolution des demandes des clients. Netflix, par exemple, exploite l'analyse des données pour personnaliser les recommandations de contenu pour des millions d'abonnés, améliorant ainsi l'engagement et la rétention des utilisateurs.

Cependant, ces opportunités s'accompagnent d'une pléthore de défis qui nécessitent une navigation habile. L'un de ces défis est la question de la confidentialité et de la sécurité des données. Alors que les entrepreneurs collectent et stockent des quantités croissantes de données sensibles, il est primordial de les protéger contre les cybermenaces et les accès non autorisés. Le fait de ne pas protéger les données des clients entraîne non seulement des répercussions juridiques et financières, mais érode également la confiance, ternissant potentiellement la réputation d'une marque de manière irréparable.

Un autre défi important est le rythme rapide de l'obsolescence technologique. À la frontière numérique, les technologies révolutionnaires d'aujourd'hui peuvent être dépassées demain.

Les entrepreneurs doivent non seulement suivre le rythme de ces changements, mais aussi anticiper et s'adapter aux tendances émergentes. Des startups comme Blockbuster, qui n'ont pas réussi à s'adapter à la révolution du streaming, servent de récits édifiants sur ce qui peut arriver lorsque les entreprises ne reconnaissent pas et n'embrassent pas les opportunités présentées par les nouvelles technologies.

De plus, le paysage numérique connaît souvent saturation et concurrence. Avec de faibles barrières à l'entrée, le marché peut être saturé de produits ou de services similaires, ce qui rend difficile pour les entrepreneurs de se différencier. Cela souligne le besoin de propositions de valeur innovantes, d'une image de marque unique et d'expériences client exceptionnelles pour se démarquer au milieu du bruit.

De plus, la frontière numérique pose des défis culturels et réglementaires. Les entrepreneurs opérant dans un contexte mondial doivent naviguer dans des normes culturelles et des cadres juridiques variés. Par exemple, les campagnes sur les réseaux sociaux qui résonnent avec une culture peuvent en offenser une autre, soulignant le besoin de sensibilité et d'adaptabilité culturelles.

Chapitre 2 : Élaborer votre vision numérique

a. Définir votre identité entrepreneuriale numérique

Dans le domaine de l'entrepreneuriat numérique, l'établissement d'une identité entrepreneuriale claire et distinctive est une étape fondamentale qui façonne la trajectoire d'une entreprise. Une identité entrepreneuriale englobe les caractéristiques, les valeurs et les aspirations uniques qui définissent l'approche commerciale d'un entrepreneur à l'ère numérique. Il sert de boussole directrice, influençant les décisions stratégiques, les relations avec les clients et la perception globale de la marque.

Au cœur de la définition d'une identité entrepreneuriale numérique se trouve une compréhension approfondie des valeurs et des passions personnelles. Les entrepreneurs qui alignent leurs entreprises sur leurs valeurs font souvent l'expérience d'une motivation, d'une authenticité et d'un engagement à long terme accrus. Par exemple, l'engagement du fondateur de TOMS Shoes, Blake Mycoskie, envers l'impact social a conduit à la création d'un modèle commercial où chaque achat déclenche un don de chaussures à ceux qui en ont besoin, un reflet de ses valeurs personnelles qui déterminent l'identité et l'impact de l'entreprise.

Dans le paysage numérique, l'élaboration d'une identité entrepreneuriale nécessite une évaluation des compétences numériques et de la culture technologique. Les entrepreneurs doivent reconnaître leur capacité à tirer parti des outils numériques, à comprendre les analyses et à naviguer sur les plateformes en ligne. Une identité ancrée dans la prouesse technologique peut positionner une entreprise comme un acteur innovant sur un marché axé sur le numérique.

De plus, une identité entrepreneuriale convaincante se nourrit souvent de la narration. Les entrepreneurs qui peuvent communiquer leur parcours personnel, leurs motivations et leur connexion à leur produit ou service trouvent un écho plus profond auprès des clients. L'histoire de la lutte des fondateurs d'Airbnb, Brian Chesky et Joe Gebbia, pour payer le loyer en hébergeant des voyageurs dans leur salon, s'est transformée en un récit qui a résonné avec l'éthique de l'économie du partage, contribuant à l'identité de la marque en tant que plate-forme pour des expériences significatives.

La culture d'une identité entrepreneuriale implique également de comprendre le public cible et le positionnement sur le marché. Les entrepreneurs doivent évaluer les besoins, les préférences et les points faibles de leurs clients potentiels pour créer une identité résonnante qui répond à ces éléments. Une identité alignée sur les exigences du marché favorise des relations, une confiance et une fidélité client plus solides. Le succès de l'identité de la marque de mode de luxe Chanel est profondément enraciné dans sa capacité à comprendre et à répondre aux désirs des consommateurs haut de gamme en quête d'exclusivité et de sophistication.

Dans la sphère numérique, une identité entrepreneuriale doit également englober l'adaptabilité et l'ouverture au changement. L'évolution rapide de la technologie exige de la flexibilité dans les stratégies, les modèles commerciaux et les offres. Les entrepreneurs qui adoptent une identité dynamique qui se nourrit de l'expérimentation et de l'apprentissage sont mieux équipés pour naviguer dans le paysage numérique en constante évolution.

b. Identifier les tendances du marché et les opportunités numériques

Dans le paysage dynamique de l'entrepreneuriat numérique, la capacité d'identifier les tendances du marché et de saisir les opportunités numériques est primordiale pour stimuler l'innovation, maintenir la pertinence et assurer le succès de l'entreprise. Les entrepreneurs qui observent et interprètent attentivement l'évolution de la dynamique du marché peuvent positionner leurs entreprises pour tirer parti des tendances émergentes, des avancées technologiques et de l'évolution des préférences des consommateurs.

L'identification des tendances du marché commence par une analyse complète du comportement et des préférences des consommateurs. En tirant parti d'outils tels que l'analyse de données et les informations sur les médias sociaux, les entrepreneurs peuvent discerner des modèles dans les choix, les sentiments et les interactions des consommateurs. Par exemple, la montée de la conscience de la santé a stimulé une demande croissante d'aliments à base de plantes, incitant des entreprises comme Beyond Meat à créer des alternatives de viande innovantes qui répondent à cette tendance.

De plus, les plateformes numériques offrent de vastes quantités de données qui peuvent être exploitées pour identifier les lacunes du marché et les besoins non satisfaits. Les entrepreneurs capables de déchiffrer ces données peuvent découvrir des segments mal desservis et créer des solutions sur mesure. Uber, par exemple, a reconnu un vide dans les services de transport pratiques et a capitalisé sur l'omniprésence du smartphone pour créer une plateforme de covoiturage à la demande.

L'intégration de la technologie dans les industries traditionnelles ouvre également des voies pour identifier les tendances du marché.

Les entrepreneurs qui repèrent des opportunités d'infuser la technologie dans des secteurs établis peuvent perturber les pratiques conventionnelles et redéfinir la dynamique du marché. L'avènement de la télémédecine, rendue possible par les plateformes numériques, a transformé la prestation des soins de santé, permettant aux patients de consulter des médecins à distance, en particulier pendant la pandémie de COVID-19.

Un aspect clé de l'identification des tendances du marché est la prévoyance - anticiper les changements futurs et garder une longueur d'avance. Les entrepreneurs qui surveillent les progrès technologiques, les rapports de l'industrie et les tendances macroéconomiques peuvent se positionner comme des adopteurs précoces et des innovateurs. Par exemple, l'Internet des objets (IoT) présente un éventail d'opportunités dans tous les secteurs, des appareils domestiques intelligents à l'automatisation industrielle, pour les entrepreneurs qui anticipent son impact potentiel.

L'identification des opportunités numériques implique également de comprendre le paysage concurrentiel et de se comparer aux leaders de l'industrie. Les entrepreneurs qui analysent des entreprises numériques réussies peuvent avoir un aperçu des stratégies, des expériences utilisateur et des modèles commerciaux qui contribuent à leurs réalisations. Des plates-formes telles que la domination d'Amazon dans le commerce électronique peuvent fournir de précieuses leçons en matière d'orientation client et d'expériences d'achat en ligne fluides.

De plus, l'engagement avec les parties prenantes, les experts de l'industrie et les leaders d'opinion peut fournir des informations sur les tendances émergentes et les territoires inexplorés. Les événements de réseautage, les conférences de l'industrie et les forums en ligne servent de canaux pour échanger des idées et acquérir de nouvelles perspectives sur les opportunités numériques potentielles.

c. Formuler une vision de l'innovation technologique

Chapitre 3 : Construire une marque numérique résiliente

a. La puissance de l'image de marque numérique dans les entreprises modernes

Dans le domaine de l'entrepreneuriat numérique, la formulation d'une vision de l'innovation technologique sert de pierre angulaire pour guider les entreprises vers la croissance, la différenciation et la pertinence durable. Une vision bien définie englobe l'intégration de technologies de pointe, une trajectoire de développement claire et un engagement à répondre aux besoins du marché. Une telle vision permet aux entrepreneurs de tracer une voie qui capitalise sur les avancées technologiques tout en répondant aux demandes des clients.

Au cœur de la formulation d'une vision de l'innovation technologique se trouve une compréhension des technologies émergentes et de leurs applications potentielles. Les entrepreneurs doivent se tenir au courant des avancées dans des domaines tels que l'intelligence artificielle, la blockchain, la réalité virtuelle et la réalité augmentée, en évaluant comment ces technologies peuvent remodeler les industries et créer de nouvelles propositions de valeur. Par exemple, la vision de SpaceX d'Elon Musk s'articule autour de l'exploitation des technologies spatiales avancées pour permettre les voyages et la colonisation interplanétaires, démontrant une approche avant-gardiste de l'innovation.

Pour guider efficacement l'innovation technologique, les entrepreneurs doivent aligner leur vision sur les demandes et les points faibles du marché. En identifiant les lacunes dans les solutions existantes, les entrepreneurs peuvent orienter leurs efforts vers la création d'innovations technologiques qui répondent à des défis spécifiques. La vision d'Airbnb de révolutionner l'hébergement de voyage est née de la prise de conscience que les voyageurs recherchaient des expériences uniques et authentiques au-delà des hôtels conventionnels.

De plus, une approche visionnaire de l'innovation technologique nécessite un engagement envers l'orientation client. Les entrepreneurs doivent imaginer des technologies qui améliorent l'expérience client, rationalisent les processus et résolvent les problèmes de manière innovante. L'approche visionnaire d'Apple en matière d'innovation, illustrée par l'introduction de l'iPhone, a transformé la communication mobile en intégrant une gamme de fonctionnalités dans un seul appareil, améliorant ainsi la commodité pour les utilisateurs.

Une vision réussie de l'innovation technologique nécessite un équilibre entre les gains à court terme et la durabilité à long terme. Les entrepreneurs doivent éviter de poursuivre la technologie pour la technologie et se concentrer plutôt sur la façon dont les innovations s'alignent sur leur mission et leurs objectifs généraux. Un bon exemple est la vision de Tesla d'accélérer la transition mondiale vers l'énergie durable, réalisée grâce au développement de véhicules électriques et de solutions d'énergie renouvelable.

De plus, la collaboration et les partenariats jouent un rôle central dans la réalisation d'une vision de l'innovation technologique. Les entrepreneurs qui collaborent avec des experts en technologie, des chercheurs et des intervenants de l'industrie peuvent accéder à un plus vaste bassin de connaissances et de ressources pour concrétiser leur vision. La collaboration entre IBM et Maersk dans la création d'une plate-forme d'expédition basée sur la blockchain met en valeur le potentiel de l'innovation collaborative.

L'évaluation de l'impact sociétal potentiel des innovations technologiques est également essentielle. Les entrepreneurs doivent tenir compte des implications éthiques, des perturbations potentielles et des conséquences imprévues de leurs innovations. La formulation d'une vision qui intègre l'utilisation responsable de la technologie peut atténuer les résultats négatifs et assurer l'alignement avec les valeurs sociétales.

b. Établir une forte présence en ligne

Dans le paysage contemporain de l'entrepreneuriat numérique, établir une solide présence en ligne est un impératif fondamental pour cultiver la visibilité de la marque, s'engager auprès des publics cibles et favoriser des connexions significatives dans le domaine virtuel. Une présence en ligne efficace englobe une approche à multiples facettes, alliant communication stratégique, création de contenu sur mesure et engagement interactif pour créer une identité de marque cohérente et percutante.

Au cœur de l'établissement d'une forte présence en ligne se trouve la communication stratégique. Les entrepreneurs doivent élaborer un message de marque clair et convaincant qui résonne avec leur public cible. Ce message résume la mission, les valeurs et les propositions de valeur uniques de l'entreprise, permettant aux clients potentiels de comprendre rapidement ce que représente la marque. Par exemple, la présence en ligne de Patagonia met l'accent sur son engagement envers la durabilité et les pratiques éthiques, en s'alignant sur les valeurs des consommateurs soucieux de l'environnement.

La création d'une présence en ligne convaincante s'étend à la conservation de contenu qui éduque, divertit ou ajoute de la valeur au public cible. Les entrepreneurs doivent développer un contenu qui met en valeur l'expertise, aborde les points faibles et favorise l'engagement. Cela peut aller de messages de blog informatifs à des vidéos captivantes et à des mises à jour engageantes sur les réseaux sociaux. La présence en ligne du Dollar Shave Club a gagné du terrain grâce à un contenu humoristique et pertinent, résonnant auprès des consommateurs à la recherche d'une nouvelle approche des produits de toilettage.

L'utilisation stratégique des plateformes de médias sociaux est essentielle pour établir une présence en ligne. Les entrepreneurs doivent choisir des plateformes qui correspondent à leurs données démographiques et à leur industrie cibles. Un engagement cohérent et authentique sur des plateformes telles qu'Instagram, Twitter, LinkedIn et TikTok permet aux entrepreneurs d'atteindre un public plus large et d'humaniser leur marque. Nike, par exemple, exploite les médias sociaux pour engager les clients à travers des histoires inspirantes, du contenu généré par les utilisateurs et des partenariats avec des athlètes.

L'optimisation des moteurs de recherche (SEO) est une autre pierre angulaire de la construction d'une présence en ligne. Les entrepreneurs doivent optimiser leur contenu en ligne pour se classer favorablement sur les pages de résultats des moteurs de recherche, améliorant ainsi la visibilité auprès des clients potentiels à la recherche d'informations pertinentes. L'utilisation de mots-clés ciblés, de backlinks de haute qualité et d'une conception de site Web conviviale peut améliorer le classement des moteurs de recherche. HubSpot, un leader du marketing entrant, utilise des stratégies de référencement pour attirer les utilisateurs à la recherche d'informations sur les solutions de marketing numérique.

Dans le paysage numérique, la construction d'une présence en ligne implique également un engagement actif avec les communautés et les forums en ligne. Les entrepreneurs peuvent participer à des discussions, partager des idées et répondre à des questions, se positionner en tant que leaders d'opinion et gagner la confiance au sein de leur secteur. Le fondateur de Buffer, un outil de gestion des médias sociaux, participe activement à des forums comme Reddit, contribuant aux discussions sur l'entrepreneuriat et le marketing numérique.

De plus, les entrepreneurs doivent rester vigilants quant à la gestion de la réputation en ligne. Surveiller les avis en ligne, traiter rapidement les commentaires négatifs et maintenir une communication transparente peuvent renforcer la crédibilité et la fiabilité de la marque. Airbnb, par exemple, donne la priorité aux avis des hôtes et des invités, fournissant une plate-forme transparente qui encourage le contenu généré par les utilisateurs et les expériences authentiques.

c. Cultiver la fidélité dans l'écosystème numérique

Dans le domaine dynamique de l'entrepreneuriat numérique, cultiver la fidélité à la marque est devenu un effort critique, essentiel pour établir des relations durables avec les clients, favoriser la fidélisation des clients et améliorer la durabilité à long terme d'une entreprise. L'écosystème numérique offre un éventail d'outils et de stratégies qui, lorsqu'ils sont bien exploités, peuvent créer une expérience de marque cohérente et engageante, favorisant la fidélité dans un environnement caractérisé par des changements rapides et des choix diversifiés.

Une facette essentielle de la fidélité à la marque consiste à offrir des expériences client cohérentes et exceptionnelles sur tous les points de contact numériques. Les entrepreneurs doivent s'assurer que leur présence en ligne, des sites Web aux profils de médias sociaux, s'aligne systématiquement sur les promesses, les valeurs et l'esthétique de la marque. Amazon, réputé pour son approche centrée sur le client, excelle dans la fourniture d'une expérience d'achat en ligne transparente qui engendre la confiance et encourage les achats répétés.

La personnalisation est la pierre angulaire de la fidélisation à la marque dans le paysage numérique. Les entrepreneurs peuvent tirer parti de l'analyse des données et des informations sur les clients pour adapter les interactions et les offres aux préférences individuelles. Netflix, par exemple, utilise des algorithmes sophistiqués pour recommander du contenu en fonction de l'historique de visionnage de l'utilisateur, améliorant ainsi l'expérience utilisateur et encourageant la poursuite de l'abonnement.

De plus, engager les clients dans des dialogues significatifs via les canaux numériques peut approfondir leur lien émotionnel avec la marque. Les entrepreneurs qui répondent activement aux demandes des clients, reconnaissent les commentaires et facilitent les discussions créent un environnement où les clients se sentent valorisés et entendus. L'application du programme de fidélité de Starbucks intègre les commentaires des clients, permettant aux clients de personnaliser leurs boissons et de participer aux discussions sur le développement de produits.

Les programmes de fidélité qui offrent des récompenses, des remises ou du contenu exclusif sont des outils efficaces pour cultiver la fidélité à la marque à l'ère numérique. Ces programmes encouragent la fidélisation des clients et encouragent les clients à interagir plus fréquemment avec la marque. Le programme Beauty Insider de Sephora, par exemple, récompense les clients avec des points qui peuvent être échangés contre divers avantages et produits, améliorant ainsi l'engagement et la fidélité à la marque.

De plus, tirer parti des médias sociaux pour se connecter avec les clients à un niveau personnel contribue à cultiver la fidélité à la marque. Les entrepreneurs peuvent partager des informations sur les coulisses, présenter la culture d'entreprise et s'engager dans des conversations authentiques qui résonnent avec le public. Wendy's, une chaîne de restauration rapide, a attiré l'attention et la loyauté grâce à ses interactions pleines d'esprit et engageantes sur les réseaux sociaux, formant une personnalité de marque relatable.

Les technologies évolutives telles que les chatbots et le service client basé sur l'IA peuvent améliorer la fidélité à la marque en fournissant une assistance rapide et efficace. Ces outils permettent aux entrepreneurs de dialoguer avec les clients en temps réel, en répondant rapidement aux questions et aux préoccupations. Des entreprises comme H&M utilisent des chatbots pour aider les clients à trouver des produits, améliorant ainsi l'expérience d'achat globale.

Chapitre 4 : De l'idée à l'innovation numérique

a. L'idéation à l'ère de l'innovation

Dans le paysage contemporain de l'entrepreneuriat numérique, le processus d'idéation a évolué pour devenir une pierre angulaire stratégique pour favoriser l'innovation, générer un avantage concurrentiel et propulser les entreprises vers le succès. L'ère de l'innovation exige une approche proactive et dynamique de l'idéation, mettant l'accent sur la créativité, la collaboration et l'intégration des technologies émergentes pour conceptualiser de nouvelles solutions qui répondent aux demandes changeantes du marché.

Essentiellement, l'idéation implique la génération et l'exploration d'idées innovantes qui répondent à des défis ou opportunités spécifiques. À l'ère de l'innovation, l'idéation transcende les sessions de brainstorming conventionnelles et englobe diverses méthodologies qui encouragent la réflexion interdisciplinaire et les concepts perturbateurs. Des techniques telles que le design thinking, où l'empathie et la résolution itérative de problèmes sont essentielles, permettent aux entrepreneurs de se plonger dans les besoins non satisfaits des clients et de créer des solutions qui résonnent profondément. Par exemple, le succès d'Airbnb peut être attribué à son processus d'idéation innovant, qui a conduit à la création d'une plateforme d'hébergement peer-to-peer qui a bouleversé l'industrie hôtelière traditionnelle.

L'idéation à l'ère numérique se nourrit également de la convergence des tendances technologiques et des connaissances intersectorielles. Les entrepreneurs doivent explorer de manière proactive comment les technologies émergentes telles que l'IA, l'IoT, la blockchain et la réalité virtuelle peuvent être intégrées à des offres novatrices. Le concept de «maisons intelligentes» illustre cette intégration, où les appareils compatibles IoT communiquent entre eux pour améliorer la commodité, l'efficacité énergétique et la sécurité.

La collaboration apparaît comme un catalyseur clé de l'idéation à l'ère de l'innovation. Les entrepreneurs reconnaissent la valeur des perspectives diverses et la collaboration avec des experts de divers domaines enrichit le processus d'idéation. Les plateformes d'innovation ouverte et les hackathons favorisent la créativité collective, comme le montre le NASA Space Apps Challenge, où des innovateurs du monde entier collaborent pour résoudre des défis complexes liés à l'exploration et à la technologie spatiales.

De plus, l'apprentissage continu et l'adaptabilité font partie intégrante d'une idéation efficace à l'ère numérique. Les entrepreneurs doivent s'engager activement dans les tendances de l'industrie, les changements du marché et les technologies émergentes pour rester pertinents et anticiper l'évolution des demandes des clients. Cette approche itérative de l'idéation est illustrée par SpaceX d'Elon Musk, qui affine continuellement ses fusées et ses engins spatiaux pour repousser les limites de l'exploration spatiale.

Les outils et plateformes numériques offrent aux entrepreneurs des capacités d'idéation améliorées. Les outils de collaboration virtuelle, les vidéoconférences et les plateformes d'innovation en ligne facilitent l'échange d'idées au-delà des frontières géographiques, permettant aux équipes d'idéation mondiales de collaborer de manière transparente. Des plateformes comme IdeaScale et Aha! sont conçus pour rationaliser et structurer le processus d'idéation, permettant aux entrepreneurs de collecter et d'évaluer systématiquement des idées.

Tout en saisissant les opportunités illimitées de l'idéation à l'ère de l'innovation, les entrepreneurs doivent également relever des défis tels que la surcharge d'idées et la hiérarchisation. L'afflux d'idées peut submerger les ressources, ce qui rend crucial d'employer des critères qui s'alignent sur les objectifs stratégiques, le potentiel du marché et la faisabilité. Des outils efficaces de gestion des idées peuvent aider les entrepreneurs à filtrer, évaluer et hiérarchiser efficacement les idées.

b. Validation des concepts d'entreprise numérique

Dans le paysage de l'entrepreneuriat numérique, le processus de validation des concepts commerciaux est devenu un impératif stratégique, garantissant que les idées sont non seulement innovantes, mais également viables et capables de répondre aux besoins du marché. L'ère numérique exige un processus de validation rigoureux qui intègre des informations basées sur les données, les commentaires des clients et un raffinement itératif pour déterminer le succès potentiel des concepts commerciaux numériques.

Fondamentalement, la validation des concepts commerciaux numériques consiste à évaluer la faisabilité de transformer une idée en une entreprise tangible et durable. Les entrepreneurs doivent aller au-delà des hypothèses et des intuitions, en tirant parti des preuves empiriques et des tests dans le monde réel pour valider la proposition de valeur, le public cible et le modèle de revenus. Ce processus de validation est particulièrement crucial dans le domaine numérique, où l'évolution technologique rapide oblige les entreprises à pivoter rapidement pour rester pertinentes.

La validation basée sur les données joue un rôle central dans l'évaluation de la demande et des opportunités du marché. Les entrepreneurs peuvent tirer parti des études de marché, des analyses et des données des utilisateurs pour mieux comprendre le comportement, les préférences et les points faibles des consommateurs. Par exemple, Dropbox, un service de partage de fichiers basé sur le cloud, a initialement validé son concept grâce à une simple vidéo explicative qui a suscité un énorme intérêt, fournissant des preuves empiriques de la demande avant d'investir dans un développement à grande échelle.

Les commentaires des clients constituent la clé de voûte du processus de validation. S'engager avec des utilisateurs potentiels par le biais d'enquêtes, de groupes de discussion et de tests de prototypes permet aux entrepreneurs d'identifier les lacunes et d'affiner leur concept en fonction des besoins réels. Airbnb, par exemple, a commencé comme un simple site

Web pour louer des matelas pneumatiques, mais l'engagement des fondateurs auprès des premiers utilisateurs a conduit à la réalisation que les hébergements uniques étaient plus souhaitables, guidant le pivot de l'entreprise vers une plateforme d'hébergement mondiale.

Le raffinement itératif fait partie intégrante de la validation à l'ère numérique. Les entrepreneurs doivent adopter un état d'esprit agile, intégrer les commentaires des utilisateurs et adapter leur concept en conséquence. Ce processus itératif améliore non seulement l'adéquation du concept avec le marché, mais démontre également la réactivité, favorisant la confiance et la crédibilité parmi les utilisateurs potentiels.

Les plateformes numériques et la technologie permettent aux entrepreneurs de valider des concepts commerciaux de manière innovante. Les pages de destination, les campagnes sur les réseaux sociaux et les initiatives de prévente permettent aux entrepreneurs d'évaluer l'intérêt et la demande avant de développer entièrement un produit ou un service. Kickstarter, une plateforme de financement participatif, valide les concepts commerciaux en permettant aux entrepreneurs de lever des fonds auprès de clients potentiels avant de lancer la production, garantissant ainsi une audience intégrée.

De plus, la validation devrait s'étendre à la faisabilité technologique du concept. Les entrepreneurs doivent évaluer si la technologie et l'infrastructure requises peuvent être efficacement développées, intégrées et entretenues. Cette évaluation permet de s'assurer que les aspects numériques du concept s'alignent sur les capacités et les contraintes technologiques.

c. Prototypage et itération pour le succès numérique

Dans le domaine de l'entrepreneuriat numérique, le prototypage et l'itération sont devenus des méthodologies indispensables pour réussir dans le numérique. Le dynamisme et l'évolution rapide du paysage numérique nécessitent une approche qui combine l'expérimentation, la conception centrée sur l'utilisateur et le raffinement continu pour développer des produits et des services qui trouvent un écho auprès des clients et s'adaptent à la dynamique changeante du marché.

Le prototypage dans le cadre de l'entrepreneuriat numérique consiste à créer des versions préliminaires de produits ou de services pour visualiser des concepts, recueillir des commentaires et tester des fonctionnalités. Ce processus comble le fossé entre les idées abstraites et les solutions concrètes, permettant aux entrepreneurs d'évaluer la faisabilité et le potentiel de leurs concepts. Par exemple, le développement de structures filaires, de maquettes et de prototypes interactifs permet aux entrepreneurs d'explorer les interfaces utilisateur, les interactions et les expériences utilisateur avant de s'engager dans un développement à grande échelle.

Le prototypage permet également aux entrepreneurs de s'engager auprès d'utilisateurs potentiels dès le début du processus de développement. En présentant des prototypes à des publics cibles, les entrepreneurs peuvent collecter des informations précieuses, valider des hypothèses et identifier les domaines à améliorer. La startup de soins de santé Zocdoc, par exemple, a utilisé des prototypes pour recueillir les commentaires des médecins et des patients, affinant les fonctionnalités et l'expérience utilisateur de sa plateforme avant son lancement.

L'itération, en revanche, implique un cycle continu d'affinement et d'amélioration basé sur les commentaires des utilisateurs et les informations basées sur les données. La nature trépidante du paysage numérique nécessite une adaptation constante pour rester compétitif. Les entrepreneurs qui adoptent une approche itérative peuvent affiner les fonctionnalités, améliorer les expériences utilisateur et répondre aux besoins changeants du marché. Spotify illustre la puissance de l'itération ; il affine continuellement ses algorithmes de recommandation et son interface utilisateur en fonction des interactions des utilisateurs, gardant une longueur d'avance sur l'évolution des habitudes de consommation de musique.

Le mariage du prototypage et de l'itération favorise un état d'esprit agile et centré sur l'utilisateur. Les entrepreneurs qui privilégient l'expérimentation rapide et la réactivité aux commentaires des utilisateurs créent des solutions qui correspondent étroitement aux attentes des clients. Cette approche minimise le risque de développer des produits ratés et maximise le potentiel de fourniture d'offres numériques qui résonnent profondément auprès des utilisateurs.

De plus, le prototypage et l'itération contribuent à l'atténuation des risques dans le paysage de l'entrepreneuriat numérique. Au lieu d'investir des ressources importantes dans des produits ou services entièrement développés, les entrepreneurs peuvent tester des hypothèses, valider des concepts et prendre des décisions éclairées basées sur des données réelles. Cette approche de réduction des risques est particulièrement précieuse lors de l'introduction de solutions perturbatrices ou innovantes qui peuvent ne pas avoir fait la preuve de la demande du marché.

L'intégration des commentaires des utilisateurs dans le processus d'itération est essentielle pour affiner les offres numériques. Les principes de conception centrés sur l'utilisateur mettent l'accent sur la compréhension empathique des besoins, des préférences et des points faibles de l'utilisateur. En s'engageant activement avec les utilisateurs, les entrepreneurs peuvent donner la priorité aux fonctionnalités qui correspondent aux désirs des clients et créer des produits qui répondent à leurs demandes en constante évolution.

Le concept de produit minimum viable (MVP) s'aligne étroitement sur l'approche de prototypage et d'itération. Un MVP consiste à développer une version de base d'un produit avec des fonctionnalités essentielles pour le mettre rapidement sur le marché, recueillir les commentaires des utilisateurs et itérer en fonction des informations. Des startups comme Dropbox et Instagram ont tiré parti des MVP pour tester la demande du marché et affiner de manière itérative leurs produits dans les plateformes à succès que nous connaissons aujourd'hui.

Chapitre 5 : Développement de produits numériques

a. Design Thinking pour les produits numériques

Le design thinking est devenu un cadre puissant pour créer des produits numériques innovants et centrés sur l'utilisateur dans le domaine de l'entrepreneuriat numérique. Cette méthodologie place les utilisateurs au centre du processus de conception, en mettant l'accent sur l'empathie, l'itération et la collaboration pour créer des solutions qui répondent aux besoins réels et favorisent des expériences significatives dans le paysage numérique.

L'empathie est un principe fondamental de la réflexion conceptuelle, qui permet de comprendre les perspectives, les émotions et les points faibles des utilisateurs. Les entrepreneurs qui utilisent le design thinking s'immergent dans le monde de l'utilisateur, cherchant à comprendre ses motivations, ses comportements et ses défis. Cette approche empathique garantit que les produits numériques résonnent profondément auprès des utilisateurs et offrent des solutions qui améliorent véritablement leur vie. Par exemple, le succès d'Airbnb peut être attribué en partie à son approche de conception empathique, qui a conduit à la création d'une plateforme en ligne qui a facilité des expériences de voyage authentiques et personnelles.

Le processus de réflexion sur la conception commence par la définition et le recadrage du problème. Les entrepreneurs doivent non seulement identifier les besoins explicites des utilisateurs, mais également découvrir les besoins latents qui peuvent ne pas être immédiatement apparents. Ce processus implique d'examiner le contexte dans lequel les utilisateurs interagissent avec les produits numériques, de comprendre les points faibles et de recadrer les défis pour inspirer des solutions créatives. L'approche de conception d'Apple pour l'iPod, par exemple, a recadré le problème de la portabilité de la musique en se concentrant sur la création d'une expérience utilisateur transparente et intuitive, révolutionnant finalement l'industrie de la musique.

L'idéation et le brainstorming sont des étapes critiques du design thinking, encourageant la collaboration multidisciplinaire pour générer un large éventail de solutions potentielles. Les entrepreneurs et les membres de l'équipe s'engagent dans une réflexion divergente, explorant diverses idées sans jugement initial. L'objectif est de favoriser la créativité et la pensée novatrice, permettant aux entrepreneurs d'identifier de nouveaux concepts susceptibles de répondre plus efficacement aux besoins des utilisateurs. La pratique de Google consistant à permettre aux employés de consacrer une partie de leur temps à des projets indépendants, ce qui a conduit à la création de produits tels que Gmail et Google Maps, met en valeur le potentiel de l'idéation dans un cadre de réflexion conceptuelle.

La phase de prototypage dans le design thinking consiste à traduire des idées en représentations tangibles. Les entrepreneurs créent des prototypes basse fidélité, tels que des croquis ou des wireframes, pour visualiser et tester rapidement des concepts. Cette itération rapide permet aux entrepreneurs de recueillir les commentaires des utilisateurs et d'affiner les idées avant d'investir des ressources importantes dans le développement. Le processus de prototypage d'Instagram consistait à développer une simple application de partage de photos qui a été testée avec des amis et la famille, permettant aux fondateurs de valider le potentiel du concept avant d'affiner et d'étendre la plateforme.

Les tests et la validation font partie intégrante de la pensée conceptuelle, garantissant que les produits numériques trouvent un écho auprès des utilisateurs et répondent efficacement à leurs besoins. Les entrepreneurs recueillent des commentaires par le biais de tests utilisateurs, en observant comment les utilisateurs interagissent avec les prototypes et en incorporant leurs idées dans le processus de conception itératif. Cette approche centrée sur la validation minimise le risque de créer des produits qui ne parviennent pas à trouver un écho auprès des utilisateurs et améliore la probabilité d'une adoption réussie. Le succès de l'appareil portable Fitbit, par exemple, peut être attribué à son approche de conception, qui impliquait des tests et des perfectionnements approfondis des utilisateurs pour créer un produit qui s'intègre parfaitement dans la vie des utilisateurs.

Le Design Thinking s'étend au-delà de la création du produit initial pour englober l'itération et l'amélioration continues. Les entrepreneurs adoptent un cycle continu d'écoute des utilisateurs, d'affinement des concepts et d'adaptation des produits aux besoins en constante évolution. Cet état d'esprit itératif garantit que les produits numériques restent pertinents et continuent à offrir de la valeur au fil du temps.

b. Développement agile dans un monde numérique en évolution rapide

Le développement agile est devenu une méthodologie fondamentale dans le monde numérique en évolution rapide de l'entrepreneuriat, fournissant un cadre flexible et itératif pour créer et affiner des produits et solutions numériques. Enraciné dans les principes de collaboration, d'adaptabilité et d'orientation client, le développement agile permet aux entrepreneurs de naviguer dans un paysage en évolution rapide, de répondre à l'évolution de la dynamique du marché et de proposer des produits qui résonnent auprès des utilisateurs.

À la base, le développement agile se caractérise par son approche itérative, décomposant le processus de développement de produits en incréments plus petits et gérables appelés « sprints ». Chaque sprint dure généralement quelques semaines et implique un cycle de planification, d'exécution, de test et de révision. Ce cycle itératif permet aux entrepreneurs d'affiner et d'améliorer en permanence leurs produits numériques en fonction des commentaires des utilisateurs, des tendances du marché et de l'évolution des besoins.

La collaboration est un principe fondamental du développement agile, favorisant une communication ouverte et un travail d'équipe interfonctionnel. Les entrepreneurs travaillent en étroite collaboration avec les développeurs, les concepteurs, les chefs de produit et d'autres parties prenantes, en veillant à ce que diverses perspectives et expertises contribuent à l'évolution du produit. Cette approche collaborative améliore non seulement la qualité du produit final, mais favorise également un sentiment de propriété partagée et d'engagement envers la réussite du projet.

L'adaptabilité est au cœur du développement agile, permettant aux entrepreneurs de répondre rapidement aux demandes changeantes du marché et aux avancées technologiques. La nature itérative de l'agilité permet aux entrepreneurs de faire pivoter ou d'ajuster leurs stratégies à mesure que de nouvelles idées émergent, minimisant ainsi le risque d'investir des ressources dans des solutions obsolètes ou mal alignées. La transition de Netflix d'un service de location de DVD à une plateforme de streaming mondiale illustre l'adaptabilité d'un développement agile en réponse à l'évolution des préférences des consommateurs.

L'orientation client est un principe directeur du développement agile, plaçant l'expérience utilisateur au premier plan du processus de développement. Des boucles de rétroaction régulières avec les utilisateurs permettent aux entrepreneurs d'identifier les points faibles, de recueillir des informations et de hiérarchiser les fonctionnalités qui correspondent aux besoins des utilisateurs. Spotify, par exemple, s'engage activement auprès des utilisateurs pour comprendre leurs habitudes et préférences de consommation de musique, permettant à la plateforme d'affiner en permanence ses algorithmes de recommandation et son interface utilisateur.

Le développement agile englobe la transparence et la visibilité, garantissant que les progrès, les défis et les jalons sont facilement accessibles à tous les membres de l'équipe. Des réunions debout régulières, un suivi des progrès et des outils visuels tels que les tableaux

Kanban facilitent une communication et un alignement clairs entre les membres de l'équipe. Cette transparence minimise les malentendus, rationalise la prise de décision et permet aux membres de l'équipe de collaborer efficacement vers un objectif commun.

La flexibilité est un principe central du développement agile, permettant des changements et des ajustements tout au long du processus de développement. Les entrepreneurs peuvent intégrer de nouvelles fonctionnalités, faire pivoter les stratégies ou affiner les priorités en fonction des informations et des commentaires émergents. Le concept de « Produit minimum viable » (MVP), qui consiste à publier une version de base du produit avec les fonctionnalités essentielles, s'aligne étroitement sur l'approche agile. Les MVP permettent aux entrepreneurs de recueillir des commentaires du monde réel et d'itérer en fonction des interactions des utilisateurs.

L'amélioration continue fait partie intégrante du développement agile, favorisant une culture d'apprentissage et de raffinement. Les entrepreneurs et les membres de l'équipe s'engagent dans des rétrospectives à la fin de chaque sprint, réfléchissant à ce qui s'est bien passé, à ce qui pourrait être amélioré et à la manière dont les processus peuvent être optimisés. Ce processus d'apprentissage itératif garantit que le processus de développement devient de plus en plus efficient et efficace au fil du temps.

c. Approches centrées sur l'utilisateur pour le raffinement des produits

Dans le domaine de l'entrepreneuriat numérique, les approches centrées sur l'utilisateur pour le raffinement des produits sont devenues des stratégies essentielles pour optimiser les produits et solutions numériques en fonction de l'évolution des besoins et des préférences des utilisateurs. Cette méthodologie place les utilisateurs au cœur du processus de raffinement, en mettant l'accent sur les commentaires continus, les tests d'utilisabilité et les améliorations itératives pour créer des produits qui résonnent profondément et offrent des expériences utilisateur améliorées.

Les approches centrées sur l'utilisateur pour l'amélioration des produits commencent par un engagement à comprendre les besoins, les comportements et les points faibles des utilisateurs. Les entrepreneurs s'engagent activement dans la recherche d'utilisateurs pour recueillir des informations qui éclairent les stratégies de raffinement. En menant des enquêtes, des entretiens et des tests d'utilisabilité, les entrepreneurs acquièrent une compréhension nuancée de la façon dont les utilisateurs interagissent avec leurs produits numériques. Les informations tirées de cette recherche guident les efforts de raffinement ultérieurs, en veillant à ce que les changements correspondent aux attentes et aux aspirations des utilisateurs. Par exemple, l'approche centrée sur l'utilisateur de Google pour la conception de son interface de moteur de recherche implique une recherche continue pour optimiser l'engagement et la satisfaction des utilisateurs.

Les boucles de rétroaction constituent un aspect crucial du raffinement centré sur l'utilisateur. Les entrepreneurs établissent des canaux permettant aux utilisateurs de fournir directement des commentaires, facilitant ainsi les lignes de communication ouvertes. Les communautés en ligne, les plateformes d'assistance à la clientèle et les mécanismes de rétroaction intégrés permettent aux utilisateurs d'exprimer leurs pensées et leurs préoccupations. Ce processus de rétroaction itératif permet aux entrepreneurs d'identifier les domaines d'amélioration et de résoudre rapidement les problèmes. La plate-forme de gestion des médias sociaux Hootsuite, par exemple, intègre les commentaires des utilisateurs via sa plate-forme "Ideas", permettant aux clients de suggérer et de voter sur de nouvelles fonctionnalités, favorisant un processus de raffinement collaboratif.

Les tests d'utilisabilité jouent un rôle essentiel pour garantir que les produits numériques sont intuitifs, conviviaux et alignés sur les attentes des utilisateurs. Les entrepreneurs effectuent des tests d'utilisabilité avec des utilisateurs représentatifs pour observer comment ils naviguent dans le produit, en découvrant les points faibles et les zones de confusion. Ces informations guident les améliorations qui améliorent la convivialité et éliminent les frictions. La conception centrée sur l'utilisateur de l'iPhone d'Apple, caractérisée par son interface intuitive et ses fonctionnalités conviviales, a été constamment affinée en fonction des tests d'utilisabilité et des commentaires des utilisateurs.

L'amélioration itérative est au cœur des approches centrées sur l'utilisateur. Les entrepreneurs adoptent un état d'esprit agile, affinant continuellement les produits numériques en fonction des commentaires des utilisateurs et de l'évolution des demandes du marché. Des cycles réguliers de collecte de commentaires, de mise en œuvre et de test permettent aux entrepreneurs de résoudre les problèmes, d'ajouter de nouvelles fonctionnalités et de s'adapter aux préférences changeantes des utilisateurs. Les plateformes de médias sociaux comme Facebook illustrent cette approche itérative, affinant constamment leurs interfaces et fonctionnalités en fonction des commentaires des utilisateurs et des avancées technologiques.

Les tests A/B sont une technique largement utilisée dans le raffinement des produits centrés sur l'utilisateur. Les entrepreneurs créent plusieurs versions d'une fonctionnalité ou d'un élément et les testent avec les utilisateurs pour déterminer quelle version est la plus performante en termes d'engagement et de satisfaction des utilisateurs. Cette approche basée sur les données garantit que les améliorations sont fondées sur des preuves empiriques, ce qui augmente la probabilité de créer des produits qui trouvent un écho auprès des utilisateurs.

La personnalisation est un principe clé dans le raffinement centré sur l'utilisateur. Les entrepreneurs exploitent les données et les préférences des utilisateurs pour adapter les expériences numériques aux utilisateurs individuels, améliorant ainsi l'engagement et la satisfaction. Les services de streaming comme Netflix utilisent l'historique et le comportement de visionnage des utilisateurs pour proposer des recommandations personnalisées, garantissant que les utilisateurs reçoivent un contenu qui correspond à leurs intérêts.

Chapitre 6 : Stratégies de financement pour les entreprises numériques

a. Explorer les modèles de financement numérique

Dans le paysage dynamique de l'entrepreneuriat numérique, l'exploration de divers modèles de financement est devenue cruciale pour garantir les ressources financières nécessaires pour soutenir le développement, la croissance et la durabilité des entreprises numériques. La prolifération des technologies numériques et l'émergence de nouveaux paradigmes économiques ont donné lieu à des mécanismes de financement innovants qui répondent aux demandes et opportunités uniques de l'ère numérique.

Les modèles de financement traditionnels tels que le capital-risque et l'investissement providentiel ont évolué à l'ère numérique. Les sociétés de capital-risque recherchent désormais des entreprises qui exploitent les technologies numériques pour perturber les industries et créer des solutions évolutives. Par exemple, l'investissement de Sequoia Capital dans Airbnb a montré comment le capital-risque peut propulser la croissance d'une plateforme numérique en fournissant non seulement un financement, mais également des conseils stratégiques et des relations avec l'industrie.

Les plateformes de financement participatif ont révolutionné la façon dont les entrepreneurs accèdent au capital, leur permettant de lever des fonds auprès d'un grand nombre de bailleurs de fonds individuels. Des plateformes comme Kickstarter et Indiegogo offrent aux entrepreneurs la possibilité de présenter leurs concepts numériques au public, d'obtenir du soutien et d'obtenir des financements pour leurs projets. La campagne de montres intelligentes Pebble Time sur Kickstarter, qui a permis de recueillir plus de 20 millions de dollars, illustre comment le financement participatif peut donner vie à des produits numériques en s'engageant directement avec des clients potentiels.

Les offres initiales de pièces de monnaie (ICO) et les offres de jetons de sécurité (STO) représentent de nouveaux mécanismes de financement qui tirent parti de la technologie blockchain. Ces modèles permettent aux entrepreneurs de symboliser leurs projets, en accordant aux investisseurs des droits de propriété ou l'accès à de futurs services. L'ICO d'Ethereum est un exemple notable de la façon dont le financement basé sur la blockchain peut permettre le développement de plates-formes et d'applications décentralisées.

Les marchés numériques qui connectent les startups avec des investisseurs accrédités ont également gagné du terrain. Les plateformes de financement participatif telles que SeedInvest et Crowdcube permettent aux entrepreneurs d'offrir des capitaux à un plus large éventail d'investisseurs, démocratisant l'accès aux opportunités d'investissement et diversifiant les sources de financement. Ces plateformes offrent aux entrepreneurs un moyen de lever des capitaux tout en favorisant l'engagement et le soutien d'une communauté de bailleurs de fonds.

Le financement basé sur les revenus est un modèle qui s'aligne sur l'accent mis par l'ère numérique sur la durabilité et la rentabilité. Les entrepreneurs reçoivent des capitaux initiaux des investisseurs et les remboursent avec un pourcentage des revenus futurs. Ce modèle attire les entreprises numériques qui ont des flux de revenus prévisibles et qui veulent éviter la dilution des capitaux propres associée aux méthodes de financement traditionnelles.

De plus, les partenariats d'entreprises et les alliances stratégiques sont devenus d'importantes sources de financement dans le paysage numérique. Les entreprises établies reconnaissent la valeur de la collaboration avec des startups innovantes pour accéder aux technologies de pointe, stimuler l'innovation et explorer de nouveaux marchés. Par exemple, l'investissement de Google dans la startup chinoise d'IA Mobvoi illustre comment des partenariats stratégiques peuvent fournir un financement tout en favorisant une croissance synergique.

L'amorçage, ou l'autofinancement, reste une option viable pour les entrepreneurs numériques qui souhaitent conserver le contrôle et la propriété de leurs entreprises. En tirant parti de leurs économies personnelles, des revenus générés par les premières ventes ou des services rendus, les entrepreneurs peuvent progressivement construire et faire évoluer leurs entreprises numériques sans dépendre de sources de financement externes. Les fondateurs de WhatsApp ont initialement démarré leur application de messagerie avant de lever des capitaux externes, démontrant comment une approche allégée peut générer une croissance durable.

b. Présenter votre startup technologique aux investisseurs

Présenter efficacement une startup technologique aux investisseurs est une compétence essentielle qui peut faire la différence entre obtenir un financement et relever des défis pour apporter des solutions numériques innovantes sur le marché. L'élaboration d'un argumentaire convaincant implique de transmettre la proposition de valeur unique de la startup, d'articuler son potentiel de marché, de démontrer une compréhension approfondie du paysage de l'industrie et d'inspirer confiance dans la capacité de l'entrepreneur à exécuter la vision.

Un pitch réussi commence par une articulation claire et concise de la proposition de valeur de la startup. Les entrepreneurs doivent expliquer succinctement comment leur solution numérique répond à un problème spécifique, répond à un besoin du marché ou perturbe une industrie. Cette proposition de valeur devrait résonner auprès des investisseurs, soulignant le potentiel de la startup à créer un impact substantiel. Par exemple, lors de leur présentation, Airbnb a souligné comment leur plateforme offrait des expériences de voyage uniques et authentiques, les différenciant des options d'hébergement traditionnelles.

Fournir une analyse de marché convaincante est essentiel pour démontrer le potentiel de croissance de la startup. Les entrepreneurs doivent présenter une compréhension globale du marché cible, de sa taille, de ses tendances et des points faibles que la startup vise à atténuer. Les données et statistiques à l'appui peuvent renforcer la crédibilité et souligner la pertinence de la startup. Uber, dans ses premiers pas, a illustré l'immense potentiel du marché du covoiturage et comment son application innovante pourrait révolutionner le transport urbain.

Une analyse concurrentielle solide est essentielle pour mettre en valeur la compréhension d'un entrepreneur du paysage de l'industrie. Les entrepreneurs doivent identifier les concurrents directs et indirects, mettre en évidence les différenciateurs uniques de la startup et articuler son avantage concurrentiel. Les investisseurs doivent voir que la startup non seulement comprend ses concurrents, mais a également une approche stratégique pour les surpasser. Le discours de Dropbox a bien montré comment sa solution de partage de fichiers simple et transparente pouvait se démarquer sur un marché encombré en se concentrant sur l'expérience utilisateur.

Un aspect essentiel du pitch consiste à décrire le modèle commercial et la stratégie de revenus. Les entrepreneurs doivent expliquer clairement comment la startup prévoit de générer des revenus, que ce soit par le biais d'abonnements, de transactions, de publicité ou d'autres moyens. Fournir une projection financière qui démontre comment la startup prévoit d'atteindre la rentabilité peut inspirer confiance aux investisseurs quant à la viabilité financière de la startup. Le pitch de Netflix, par exemple, a mis en évidence son modèle de revenus basé sur l'abonnement et le potentiel de flux de revenus récurrents d'une clientèle croissante.

Démontrer la traction et la validation précoce est crucial pour renforcer la crédibilité. Les entrepreneurs doivent présenter des preuves de l'engagement des utilisateurs, des partenariats, des programmes pilotes ou des ventes initiales qui mettent en valeur les progrès et le potentiel de croissance de la startup. Des mesures telles que les taux d'acquisition d'utilisateurs, les niveaux d'engagement ou les taux de conversion peuvent fournir une preuve tangible de l'intérêt et de la demande du marché. Stripe, une start-up fintech, a souligné sa croissance rapide dans le traitement des paiements en ligne lors de ses premiers lancements, démontrant sa traction sur le marché.

Articuler l'expertise, la vision et les capacités de l'équipe de l'entrepreneur ajoute une dimension personnelle au pitch. Les investisseurs n'investissent pas seulement dans l'idée de démarrage, mais aussi dans les personnes qui en sont à l'origine. Les entrepreneurs doivent transmettre leur passion, leur détermination et leur expérience pertinente, soulignant leur capacité à relever les défis et à mettre en œuvre la vision de la startup. Les pitchs de Steve Jobs pour les produits Apple, marqués par sa présence charismatique et visionnaire, ont montré comment la personnalité du fondateur pouvait faire partie intégrante de l'impact du pitch.

Enfin, un pitch réussi doit se conclure par une demande claire. Les entrepreneurs doivent préciser le montant du financement recherché, les fonds propres offerts en retour et la manière dont l'investissement alimentera la croissance de la startup. Fournir une feuille de route pour l'utilisation des fonds, tels que le développement de produits, le marketing ou l'expansion, démontre une planification et une responsabilité réfléchies. Une demande confiante et bien préparée instille un sentiment de partenariat et de transparence entre les entrepreneurs et les investisseurs.

Chapitre 7 : Passage à l'échelle dans la sphère numérique

a. Stratégies pour une croissance numérique durable

Dans le domaine de l'entrepreneuriat numérique, la croissance durable est un objectif primordial qui va au-delà des gains à court terme pour jeter les bases d'un succès à long terme. Les entrepreneurs doivent naviguer dans le paysage numérique en constante évolution en employant des stratégies qui non seulement stimulent la traction initiale, mais favorisent également une croissance durable grâce à l'engagement des clients, à la création de valeur et à l'adaptabilité.

Au cœur d'une croissance numérique durable se trouve une concentration constante sur l'orientation client. Les entrepreneurs doivent donner la priorité à la compréhension des besoins, des préférences et des points faibles de leur public cible. Cette connaissance constitue la base du développement de produits et de services qui correspondent étroitement aux attentes des clients. L'approche centrée sur le client d'Amazon, mise en évidence par son souci constant d'offrir des expériences utilisateur exceptionnelles et de répondre aux besoins des consommateurs, a contribué à sa croissance numérique soutenue au fil des ans.

La prise de décision basée sur les données est essentielle pour une croissance durable dans le paysage numérique. Les entrepreneurs peuvent tirer parti des analyses, des données sur le comportement des utilisateurs et des informations sur le marché pour faire des choix stratégiques éclairés. En analysant les interactions des utilisateurs, en identifiant les modèles et en suivant les indicateurs de performance clés, les startups peuvent adapter leurs stratégies pour optimiser l'engagement, les taux de conversion et la satisfaction des utilisateurs. Spotify, par exemple, affine continuellement ses algorithmes de recommandation musicale en fonction des données des utilisateurs, améliorant sa proposition de valeur et contribuant à sa croissance constante sur le marché concurrentiel du streaming musical.

Le développement itératif de produits est la marque d'une croissance numérique durable. Les entrepreneurs doivent adopter un état d'esprit agile, affinant et améliorant constamment leurs produits en fonction des commentaires des utilisateurs, des tendances du marché et des technologies émergentes. Cette approche garantit que les offres numériques restent pertinentes et continuent à apporter de la valeur aux clients au fil du temps. L'approche itérative de Google vis-à-vis de son moteur de recherche et de sa suite d'outils numériques lui a permis de maintenir sa position de leader dans l'écosystème numérique en s'adaptant à l'évolution des besoins des utilisateurs.

Des partenariats et des collaborations stratégiques peuvent accélérer une croissance numérique durable en élargissant la portée du marché et en accédant à des ressources complémentaires. Les entrepreneurs peuvent forger des alliances avec des acteurs établis, en tirant parti de leur clientèle, de leur expertise ou de leurs canaux de distribution pour évoluer rapidement. Le partenariat d'Apple avec Nike pour créer l'Apple Watch Nike+ est un exemple de la façon dont les collaborations stratégiques peuvent améliorer les offres de produits et attirer un public plus large.

Un engagement envers l'innovation est essentiel pour une croissance durable à l'ère numérique. Les entrepreneurs doivent continuellement explorer les technologies et les tendances émergentes qui pourraient perturber ou améliorer leur industrie. En gardant une longueur d'avance et en adoptant l'innovation, les startups peuvent se positionner en tant que leaders de l'industrie et rester compétitives face à l'évolution des défis. L'accent mis par Tesla sur les véhicules électriques et les solutions d'énergie renouvelable est un exemple de la façon dont des stratégies innovantes peuvent stimuler une croissance durable dans les secteurs de l'automobile et de l'énergie.

Construire une identité de marque forte et fidéliser la clientèle contribue à une croissance durable en favorisant la fidélisation des clients et un marketing de bouche à oreille positif. Les entrepreneurs doivent investir dans la création d'un récit de marque convaincant, d'une identité visuelle cohérente et d'expériences client exceptionnelles. L'identité de marque emblématique de Starbucks, soulignée par son logo distinctif et son engagement à fournir une qualité constante, a cultivé une clientèle fidèle et propulsé sa croissance mondiale.

Enfin, l'adaptabilité est essentielle pour naviguer dans le paysage numérique en évolution rapide. Les entrepreneurs doivent rester flexibles et ouverts à faire pivoter leurs stratégies en fonction de l'évolution de la dynamique du marché et des préférences des utilisateurs. Les entreprises numériques qui peuvent réagir rapidement aux perturbations et adopter le changement sont mieux placées pour atteindre une croissance durable. L'expansion d'Uber du covoiturage aux services de livraison de nourriture illustre comment l'adaptabilité peut stimuler une croissance numérique soutenue en répondant à l'évolution des comportements des consommateurs.

b. Exploiter la technologie pour une mise à l'échelle efficace

Une mise à l'échelle efficace est une entreprise essentielle dans le domaine de l'entrepreneuriat numérique, car les startups cherchent à étendre leurs opérations, leur clientèle et leur présence sur le marché tout en maintenant leur agilité opérationnelle et en minimisant les contraintes de ressources. Dans cette poursuite, tirer parti de la technologie joue un rôle central pour permettre aux startups de réaliser une croissance évolutive, de rationaliser les processus, d'améliorer l'expérience client et de capitaliser sur les opportunités émergentes.

L'un des aspects clés de l'utilisation de la technologie pour une mise à l'échelle efficace est l'adoption de solutions de cloud computing. Les plates-formes cloud fournissent aux startups une infrastructure évolutive et flexible, leur permettant d'accéder à des ressources informatiques à la demande et d'éviter d'avoir à investir lourdement dans le matériel et l'infrastructure. Amazon Web Services (AWS) et Microsoft Azure sont des exemples éminents de fournisseurs de cloud qui offrent aux startups la possibilité de faire évoluer leurs services et applications en réponse à une demande fluctuante sans avoir besoin d'investissements matériels importants.

Les technologies d'automatisation contribuent également de manière significative à une mise à l'échelle efficace. Les startups peuvent mettre en œuvre l'automatisation des processus robotiques (RPA) et l'intelligence artificielle (IA) pour rationaliser les tâches et les processus de routine. En automatisant des tâches telles que la saisie de données, le support client et le traitement des commandes, les startups peuvent optimiser l'allocation des ressources, réduire les erreurs humaines et libérer les employés pour qu'ils se concentrent sur des activités à plus forte valeur ajoutée. Zappos, un détaillant de chaussures en ligne, a tiré parti de l'automatisation de ses processus de service client, améliorant ainsi l'efficacité opérationnelle tout en maintenant une expérience client personnalisée.

Des solutions logicielles évolutives, notamment des systèmes de gestion de la relation client (CRM) et de planification des ressources d'entreprise (ERP), permettent aux startups de gérer et d'analyser efficacement les données au fur et à mesure de leur croissance. Ces technologies permettent aux startups de recueillir des informations sur le comportement, les préférences et les habitudes d'achat des clients, facilitant ainsi la prise de décision basée sur les données et l'engagement client personnalisé. Salesforce, une plate-forme CRM de premier plan, permet aux startups de gérer les relations avec les clients, de suivre les pipelines de vente et de diffuser des campagnes marketing ciblées à mesure qu'elles évoluent.

Les plateformes de commerce électronique sont essentielles pour les startups qui cherchent à développer efficacement leur présence en ligne. Ces plates-formes fournissent des outils pour créer et gérer des boutiques en ligne, traiter des transactions et gérer des stocks.

Shopify, par exemple, offre aux startups une solution de commerce électronique tout-en-un qui rationalise le processus de création et de gestion d'une boutique en ligne, permettant aux startups d'augmenter leurs ventes en ligne sans expertise technique importante.

De plus, tirer parti de la technologie pour une mise à l'échelle efficace implique l'intégration d'analyses de données pour mieux comprendre le comportement des clients et les tendances du marché. Les startups peuvent analyser les interactions des utilisateurs, les habitudes d'achat et les commentaires des utilisateurs pour prendre des décisions éclairées sur les offres de produits, les stratégies marketing et les opportunités d'expansion. L'utilisation par Spotify de l'analyse de données pour affiner ses algorithmes de recommandation musicale et personnaliser les expériences des utilisateurs témoigne de la puissance des informations basées sur les données dans la mise à l'échelle d'une plate-forme numérique.

Les outils collaboratifs et les plates-formes de communication facilitent une mise à l'échelle efficace en permettant la collaboration à distance, le partage des connaissances et une communication efficace entre des équipes géographiquement dispersées. Les startups peuvent tirer parti d'outils tels que Slack et Microsoft Teams pour faciliter la communication en temps réel, la gestion de projet et le partage de documents, favorisant une collaboration transparente à mesure qu'elles étendent leurs opérations.

Enfin, les startups peuvent exploiter la technologie pour une mise à l'échelle efficace en tirant parti des API (interfaces de programmation d'applications) pour intégrer leurs services à des plates-formes tierces. Les API permettent aux startups d'offrir leurs services dans de nouveaux contextes, d'atteindre un public plus large et de créer des partenariats écosystémiques. Par exemple, l'intégration de passerelles de paiement comme Stripe ou PayPal avec des plateformes de commerce électronique permet aux startups d'offrir une expérience de paiement transparente aux clients, améliorant ainsi l'efficacité de leurs efforts de mise à l'échelle.

c. Surmonter les défis de l'expansion numérique

L'expansion numérique offre une multitude d'opportunités aux startups qui cherchent à élargir leur portée sur le marché, mais elle présente également un ensemble unique de défis que les entrepreneurs doivent relever de manière stratégique pour assurer une croissance réussie. Relever ces défis nécessite une compréhension globale du paysage numérique, une adaptation à l'évolution de la dynamique et des approches proactives pour minimiser les risques et tirer parti des opportunités d'expansion.

Variations culturelles et de marché : L'expansion sur de nouveaux marchés introduit le défi des différences culturelles et des variations de marché. Les startups doivent adapter leurs offres numériques pour répondre aux préférences, aux comportements et aux environnements réglementaires locaux. Airbnb, par exemple, a rencontré des différences culturelles dans les préférences d'hébergement de diverses régions, les incitant à adapter leur plate-forme pour répondre aux demandes uniques du marché tout en maintenant une expérience utilisateur cohérente.

Obstacles réglementaires et de conformité : l'expansion numérique implique souvent de naviguer dans des paysages réglementaires complexes. Les startups doivent faire face à diverses lois sur la protection des données, à des réglementations sur la propriété intellectuelle et à des exigences de conformité spécifiques à l'industrie. L'expansion mondiale d'Uber s'est accompagnée d'obstacles réglementaires dans de nombreuses juridictions, obligeant l'entreprise à s'engager dans des batailles juridiques, à former des partenariats stratégiques et à modifier son modèle commercial pour s'aligner sur les réglementations locales.

Localisation et barrières linguistiques : Surmonter les barrières linguistiques et fournir des expériences localisées est un défi que les startups doivent relever pour impliquer efficacement des publics diversifiés. Les startups doivent s'assurer que leurs interfaces numériques, leur contenu et leurs communications trouvent un écho auprès des utilisateurs locaux. L'expansion internationale de Netflix impliquait non seulement de traduire le contenu, mais également d'affiner ses algorithmes de recommandation pour répondre aux préférences de visualisation uniques des différentes régions.

Contraintes en matière d'infrastructure et de connectivité : L'accès à une infrastructure numérique fiable et à une connectivité Internet varie selon les régions. Les startups qui se développent dans des zones où l'infrastructure technologique est limitée peuvent rencontrer des difficultés pour offrir une expérience utilisateur transparente. Pour surmonter cela, Facebook a introduit "Facebook Lite", une version allégée de son application optimisée pour les zones à faible bande passante et à faible connectivité, permettant aux utilisateurs des marchés émergents d'accéder plus facilement à la plate-forme.

Paiement et systèmes financiers : la diversité des méthodes de paiement et des systèmes financiers dans le monde pose des défis aux startups en termes de traitement des paiements, de conversion des devises et de préférences de paiement locales. Les startups en expansion doivent s'assurer que leurs plateformes numériques s'adaptent aux préférences de paiement des utilisateurs locaux. PayPal, par exemple, a adapté son traitement des paiements pour prendre en charge diverses devises et méthodes de paiement afin de faciliter les transactions internationales.

Concurrence et acteurs locaux : pénétrer de nouveaux marchés signifie être en concurrence avec des acteurs locaux établis qui possèdent une compréhension approfondie de la dynamique du marché et des comportements des consommateurs. Les startups doivent développer des stratégies pour différencier leurs offres, exploiter leurs avantages concurrentiels et prendre pied face à une forte concurrence locale. L'entrée d'Uber sur le marché chinois a été confrontée à la concurrence féroce de Didi Chuxing, ce qui a conduit à une fusion stratégique pour établir une présence plus forte.

Acquisition et localisation de talents : Construire une main-d'œuvre qualifiée sur de nouveaux marchés peut être difficile en raison de la diversité des bassins de talents, des nuances culturelles et des pratiques de recrutement. Les startups doivent concevoir des stratégies pour attirer et retenir les talents locaux tout en maintenant l'alignement avec la culture et les objectifs de l'entreprise. L'expansion mondiale de Google a nécessité la mise en place d'équipes diverses dans toutes les régions, permettant à l'entreprise de puiser dans l'expertise et les connaissances locales.

Chapitre 8 : Excellence du commerce électronique

a. Établir une vitrine en ligne

Dans le paysage de l'entrepreneuriat numérique, la création d'une vitrine en ligne est devenue une stratégie fondamentale pour les startups et les entreprises qui cherchent à atteindre un public plus large, à offrir des expériences d'achat fluides et à capitaliser sur la tendance croissante du commerce électronique. Une vitrine en ligne sert de passerelle virtuelle par laquelle les clients accèdent aux produits ou services, et sa mise en œuvre efficace implique des considérations couvrant la conception, l'expérience utilisateur, la sécurité, le traitement des paiements et l'engagement des clients.

Conception centrée sur l'utilisateur : une conception centrée sur l'utilisateur est primordiale pour créer une vitrine en ligne qui engage les visiteurs et encourage les conversions. Les startups doivent donner la priorité à une interface claire et intuitive, à une navigation facile et à une conception réactive pour garantir une expérience cohérente sur différents appareils. Le géant du commerce électronique Amazon illustre ce principe en maintenant une conception sans encombrement qui guide les utilisateurs tout au long d'un parcours d'achat fluide.

Personnalisation et recommandations : des vitrines en ligne efficaces s'appuient sur des algorithmes de personnalisation pour recommander des produits en fonction du comportement de l'utilisateur, de l'historique des achats et des préférences. Cette stratégie améliore l'engagement des utilisateurs, encourage la vente croisée et augmente la probabilité d'achats répétés. Les recommandations personnalisées sur des plates-formes comme Netflix et Amazon montrent la puissance du contenu personnalisé pour stimuler la satisfaction des utilisateurs et les taux de conversion.

Traitement sécurisé des paiements : la mise en place d'un traitement sécurisé des paiements est la pierre angulaire de l'établissement d'un climat de confiance avec les clients en ligne. Les startups doivent intégrer des passerelles de paiement fiables, mettre en œuvre le cryptage SSL et adhérer aux protocoles de sécurité standard de l'industrie pour protéger les données financières des clients. L'adoption généralisée de PayPal en tant qu'option de paiement sécurisé sur diverses vitrines en ligne montre à quel point la confiance et la sécurité peuvent faciliter des transactions transparentes.

Processus de paiement rationalisé : le processus de paiement doit être simplifié pour minimiser les frictions et les abandons de panier. Les startups doivent donner la priorité à une option de paiement en tant qu'invité, proposer plusieurs méthodes de paiement et fournir des informations claires sur les frais d'expédition et les délais de livraison. Shopify, une plateforme de commerce électronique de premier plan, permet aux startups de personnaliser et d'optimiser leurs processus de paiement pour garantir une expérience client fluide.

Support client réactif : Une vitrine en ligne efficace intègre des mécanismes de support client réactifs pour répondre rapidement aux demandes de renseignements, aux préoccupations et aux problèmes. Les startups doivent proposer un chat en direct, une assistance par e-mail et des sections FAQ complètes pour aider les clients tout au long de leur parcours d'achat. Zappos, réputé pour son service client exceptionnel, propose plusieurs canaux de support client pour garantir une assistance rapide.

Optimisation mobile : avec l'augmentation de l'utilisation du mobile pour les achats en ligne, l'optimisation mobile est impérative pour le succès d'une vitrine en ligne. Les startups doivent s'assurer que leur vitrine est optimisée pour les appareils mobiles, offrant une expérience d'achat transparente quel que soit l'appareil utilisé. L'application mobile du détaillant de mode ASOS, par exemple, est conçue pour offrir une expérience d'achat mobile conviviale et pratique.

Intégration sociale et engagement : L'intégration des plateformes de médias sociaux dans la vitrine en ligne peut améliorer l'engagement et créer des opportunités de partage social et de recommandations. Les startups devraient permettre aux utilisateurs de partager des produits, des critiques et des achats sur les réseaux sociaux, en amplifiant leur portée et en favorisant un sentiment de communauté. L'intégration par la marque de mode Glossier du contenu généré par les utilisateurs et des fonctionnalités de partage social souligne à quel point l'engagement sur les réseaux sociaux peut stimuler la fidélité et la croissance de la marque.

b. Rationalisation de l'expérience client numérique

À l'ère de l'entrepreneuriat numérique, la rationalisation de l'expérience client numérique est devenue une stratégie essentielle pour les startups qui cherchent à se différencier, à fidéliser leurs clients et à générer une croissance durable. L'expérience client numérique englobe toutes les interactions que les clients ont avec une marque à travers divers points de contact numériques, et son optimisation nécessite une approche globale qui intègre une conception centrée sur l'utilisateur, une navigation transparente, la personnalisation, la sécurité des données, un support client réactif et une amélioration continue.

Conception centrée sur l'utilisateur : Une philosophie de conception centrée sur l'utilisateur est au cœur de la rationalisation de l'expérience client numérique. Les startups doivent donner la priorité à la création d'interfaces intuitives et esthétiques qui répondent aux préférences et aux comportements des utilisateurs. L'accent mis par Apple sur les interfaces conviviales de ses appareils et applications illustre l'impact de la conception centrée sur l'utilisateur dans la création d'expériences numériques rationalisées qui trouvent un écho auprès des clients.

Navigation transparente : la navigation joue un rôle crucial dans la facilitation d'une expérience client numérique transparente. Les startups doivent s'assurer que leurs sites Web et applications offrent des chemins de navigation clairs et logiques, minimisant l'effort requis pour que les clients trouvent des informations, des produits ou des services. Le moteur de recherche de Google, caractérisé par sa conception minimaliste et ses algorithmes de recherche efficaces, illustre comment une navigation rationalisée peut améliorer la satisfaction des utilisateurs.

Personnalisation et personnalisation : la personnalisation est un élément clé pour adapter l'expérience client numérique aux préférences individuelles. Les startups peuvent tirer parti des analyses de données et des algorithmes pour fournir des recommandations, du contenu et des offres personnalisés en fonction du comportement des utilisateurs et des interactions passées. Le moteur de recommandation d'Amazon, qui suggère des produits en fonction de l'historique de navigation et d'achat d'un utilisateur, montre comment la personnalisation peut améliorer l'engagement et stimuler les ventes.

Sécurité et confidentialité des données : la sécurité et la confidentialité des données sont fondamentales pour renforcer la confiance dans l'expérience client numérique. Les startups doivent mettre en œuvre des mesures de sécurité robustes pour protéger les données des clients contre les violations et les accès non autorisés. Les startups de technologie financière comme Robinhood accordent la priorité à la sécurité des données en utilisant le cryptage et l'authentification multifacteur pour garantir la protection des informations financières des clients.

Support client réactif : Offrir un support client réactif et accessible est essentiel pour répondre rapidement aux demandes, préoccupations et problèmes des clients. Les startups doivent fournir différents canaux pour le support client, tels que le chat en direct, le courrier électronique ou le téléphone, afin de s'assurer que les clients peuvent facilement demander de l'aide. Zendesk, une plate-forme logicielle de support client, permet aux startups de gérer efficacement les demandes des clients et de fournir des réponses rapides.

Amélioration continue : la rationalisation de l'expérience client numérique est un processus continu qui nécessite une amélioration continue basée sur les commentaires et l'analyse des données. Les startups doivent recueillir les commentaires des clients, surveiller le comportement des utilisateurs et suivre les indicateurs de performance clés pour identifier les points faibles et les opportunités d'amélioration. La nature itérative de ce processus garantit que l'expérience numérique reste alignée sur les attentes des clients et les tendances du marché.

Intégration omnicanal : l'expérience client numérique s'étend souvent sur plusieurs canaux, y compris les sites Web, les applications mobiles, les médias sociaux, etc. Les startups doivent s'efforcer d'intégrer l'omnicanal, en offrant des expériences cohérentes et homogènes sur tous les points de contact. La mise en œuvre par Starbucks d'une application mobile qui permet aux clients de commander et de payer des boissons de manière transparente dans ses magasins physiques et ses canaux en ligne illustre l'intégration omnicanale efficace.

c. Explorer les tendances émergentes du commerce électronique

Le paysage du commerce électronique est en constante évolution, façonné par les avancées technologiques, l'évolution des comportements des consommateurs et les modèles commerciaux innovants. Explorer les tendances émergentes du commerce électronique est essentiel pour les startups qui cherchent à rester compétitives, à tirer parti de nouvelles opportunités et à s'adapter à l'évolution du marché numérique. Ces tendances englobent divers aspects, notamment les expériences d'achat en réalité augmentée (RA), le commerce vocal, le commerce social, les pratiques de commerce électronique durables, les modèles d'abonnement, le commerce mobile et l'intégration de l'intelligence artificielle (IA).

Expériences d'achat en réalité augmentée (RA) : la RA transforme le paysage du commerce électronique en permettant aux clients de visualiser les produits dans des contextes réels avant de prendre des décisions d'achat. Les startups peuvent tirer parti de la RA pour créer des expériences d'achat interactives qui permettent aux clients d'essayer virtuellement des vêtements, de visualiser des meubles dans leur maison ou de voir à quoi ressemblent les cosmétiques sur leur peau. Des marques comme IKEA ont intégré la RA dans leurs applications, permettant aux clients de placer virtuellement des meubles dans leurs espaces de vie.

Commerce vocal : L'essor des assistants vocaux et des haut-parleurs intelligents est à l'origine de la tendance du commerce vocal, où les clients peuvent effectuer des achats à l'aide de commandes vocales. Les startups peuvent exploiter cette tendance en optimisant leurs plates-formes pour la recherche vocale et en permettant des transactions vocales transparentes. Alexa d'Amazon, par exemple, permet aux utilisateurs d'ajouter des articles à leurs paniers et d'effectuer des achats à l'aide de commandes vocales.

Commerce social : les plateformes de médias sociaux deviennent de plus en plus des destinations de magasinage, donnant lieu au commerce social. Les startups peuvent intégrer des fonctionnalités d'achat directement dans les plateformes de médias sociaux, permettant aux clients de découvrir et d'acheter des produits sans quitter l'application. La fonctionnalité "Shop" d'Instagram permet aux entreprises de présenter des produits dans l'application, offrant une transition transparente de la découverte à l'achat.

Pratiques de commerce électronique durables : les consommateurs accordent une plus grande importance à la durabilité, ce qui stimule la tendance des pratiques de commerce électronique durables. Les startups peuvent adopter des emballages respectueux de l'environnement, promouvoir l'approvisionnement éthique et mettre l'accent sur la transparence de leurs chaînes d'approvisionnement. Des marques comme Patagonia soulignent leur engagement envers la durabilité, attirant les consommateurs soucieux de l'environnement et se différenciant sur le marché.

Modèles d'abonnement : les modèles de commerce électronique par abonnement gagnent du terrain, offrant aux clients des livraisons récurrentes de produits ou de services. Les startups peuvent créer des boîtes d'abonnement qui répondent à des niches ou à des intérêts spécifiques, offrant aux clients des expériences pratiques et personnalisées. Des entreprises comme Dollar Shave Club ont mis en place des modèles commerciaux réussis basés sur des abonnements en livrant régulièrement des produits de toilettage aux clients.

Commerce mobile (M-Commerce) : La prolifération des smartphones a conduit à l'essor du commerce mobile, où les clients effectuent des achats à l'aide d'appareils mobiles. Les startups doivent optimiser leurs sites Web et leurs applications pour les mobiles, en veillant à ce que l'expérience d'achat mobile soit transparente, conviviale et réactive. L'application mobile de Shopify permet aux entrepreneurs de gérer leurs magasins, de suivre les commandes et de communiquer avec les clients en déplacement.

Intégration de l'intelligence artificielle (IA) : l'IA remodèle le commerce électronique en améliorant la personnalisation, le support client et l'analyse des données. Les startups peuvent tirer parti de l'IA pour proposer des recommandations de produits personnalisées, mettre en œuvre des chatbots pour les demandes des clients et analyser les données pour découvrir des tendances et des informations. Le moteur de recommandation alimenté par l'IA d'Amazon suggère des produits en fonction du comportement des clients, contribuant ainsi à l'augmentation des ventes et à la satisfaction des clients.

CONCLUSION

Dans le paysage en évolution rapide de l'entrepreneuriat numérique, ce livre s'est penché sur les complexités et les nuances qui définissent le succès à l'ère numérique. De la création d'idées révolutionnaires à la création d'entreprises en ligne florissantes, toutes les facettes du parcours entrepreneurial à l'ère numérique ont été explorées. Tout au long de ces chapitres, une compréhension globale de l'interaction dynamique entre la technologie, l'innovation, l'engagement client et la prise de décision stratégique a été développée.

L'ère numérique présente à la fois des opportunités sans précédent et des défis formidables. Alors que les frontières des modèles commerciaux traditionnels s'estompent, les entrepreneurs doivent accepter le changement et exploiter le potentiel des avancées technologiques pour stimuler la croissance et l'innovation. De la gestion de la perturbation technologique à la création d'identités numériques convaincantes, les entrepreneurs ont été dotés des connaissances et des stratégies nécessaires pour prospérer dans la complexité.

Le paysage numérique en constante évolution exige une approche agile et avant-gardiste. Qu'il s'agisse d'identifier les tendances du marché, d'itérer des solutions numériques ou de cultiver la fidélité à la marque, les principes abordés dans ce livre soulignent l'importance de l'adaptabilité et de l'apprentissage continu. L'intégration de la technologie, de l'innovation et de l'orientation client est au cœur d'un entrepreneuriat numérique réussi.

En établissant une présence en ligne, en rationalisant les expériences client et en explorant les tendances émergentes, les entrepreneurs sont prêts à tirer parti des vastes opportunités offertes par l'écosystème numérique. En comprenant les nuances d'une mise à l'échelle efficace, en sécurisant le financement et en proposant des arguments convaincants aux investisseurs, les entrepreneurs peuvent relever efficacement les défis à multiples facettes qui accompagnent l'expansion numérique.

En fin de compte, ce livre sert de guide aux entrepreneurs numériques qui cherchent à se frayer un chemin dans une ère dynamique et transformatrice. En adoptant les principes, les stratégies et les idées proposées ici, les entrepreneurs peuvent propulser leurs entreprises vers la croissance, l'impact et la durabilité à long terme. Le parcours de l'entrepreneuriat à l'ère numérique est aussi excitant que stimulant, et armés de connaissances, de détermination et d'un esprit d'innovation, les entrepreneurs sont prêts à redéfinir les industries, à transformer des vies et à laisser une marque indélébile sur le paysage en constante évolution. du travail.